Date: 6/24/19

SP J 297.362 SEB
Sebra, Richard,
¡Es Ramadán y Eid al-Fitr! /

¡Es Ramadán y Eid al-Fitr!

por Richard Sebra

BUMBA BOOKS™ en español

EDICIONES LERNER ◆ MINEÁPOLIS

Muchas gracias a José Becerra-Cárdenas, maestro de segundo grado en Little Canada Elementary, por revisar este libro.

Nota a los educadores:
A través de este libro encontrarán preguntas para el pensamiento crítico. Estas preguntas pueden utilizarse para hacer que los lectores jóvenes piensen críticamente del tema con la ayuda del texto y las imágenes.

ediciones Lerner
Una división de Lerner Publishing Group, Inc.
241 First Avenue North
Mineápolis, MN 55401, EE. UU.

Si desea averiguar acerca de niveles de lectura y para obtener más información, favor consultar este título en www.lernerbooks.com

Library of Congress Cataloging-in-Publication Data

Names: Sebra, Richard, 1984– author. | Lopez, Giessi, translator.
Title: ¡Es Ramadán y Eid al-Fitr! / por Richard Sebra.
Other titles: It's Ramadan and Eid al-Fitr! Spanish
Description: Minneapolis : Ediciones Lerner, 2018. | Series: Bumba books en español. ¡Es una fiesta! | Includes bibliographical references and index. | Audience: Ages 4–7. | Audience: K to Grade 3.
Identifiers: LCCN 2017053134 (print) | LCCN 2017061860 (ebook) | ISBN 9781541507937 (eb pdf) | ISBN 9781541503519 (lb : alk. paper) | ISBN 9781541526655 (pb : alk. paper)
Subjects: LCSH: Ramadan—Juvenile literature. | Eid al-Fitr—Juvenile literature. | Fasts and feasts—Islam— Juvenile literature.
Classification: LCC BP186.4 (ebook) | LCC BP186.4 .S3318 2018 (print) | DDC 297.3/62—dc23

LC record available at https://lccn.loc.gov/2017053134

Fabricado en los Estados Unidos de América
1-43846-33679-1/11/2018

Expand learning beyond the printed book. Download free, complementary educational resources for this book from our website, www.lernerresource.com.

Tabla de contenido

Mes Sagrado

Los musulmanes tienen un calendario que se basa en la luna.

El Ramadán es el noveno mes.

Es un mes sagrado.

El Ramadán no es un

día solamente.

Dura todo el mes.

Las familias se reúnen

para orar.

Los musulmanes tienen un

libro sagrado.

Fue escrito hace mucho tiempo.

Fue escrito durante el Ramadán.

La gente ayuna durante
el Ramadán.

No comen ni toman nada
durante el día.

¿Cómo
puede cambiar
tu día el
ayunar?

Los musulmanes oran
todos los días.

Se arrodillan sobre tapetes
cuando oran.

Añaden oraciones especiales
durante el Ramadán.

Es hora de comer después

del atardecer.

La fruta fresca es una

opción popular.

También el pan y queso.

¿Por qué es que las personas pueden comer una gran comida en Eid al-Fitr?

Eid al-Fitr es el último día del Ramadán.

Termina el ayuno.

La gente come una gran comida.

Muchas personas comen dátiles.

16

dátiles

El Ramadán termina en

una gran celebración.

La gente tiene festivales.

Algunas personas dan regalos.

¿Por qué las personas dan regalos al fin del Ramadán?

El Ramadán es una
época para celebrar
la fe con la familia.

Fechas del Ramadán

El Ramadán es una época para celebrar la fe con la familia.

2016	6 de junio al 5 de julio
2017	27 de mayo al 24 de junio
2018	16 de mayo al 14 de junio
2019	6 de mayo al 3 de junio
2020	24 de abril al 23 de mayo
2021	13 de abril al 12 de mayo
2022	2 de abril al 1 de mayo

Glosario de imágenes

celebrar

hacer algo especial
en un día importante

dátiles

fruta dulce que crece
en las palmeras

oraciones

palabras que
la gente dice o
piensa a su dios

regalos

artículos que las
personas se dan entre
sí durante las fiestas

23

Índice

Leer más

Bullard, Lisa. *Rashad's Ramadan and Eid al-Fitr.* Minneapolis: Millbrook Press, 2012.

Lawrence, Ellen. *Celebrations and Special Days.* New York: Ruby Tuesday Books, 2015.

McKissack, Fredrick, Jr. *Ramadan: Count and Celebrate!* Berkeley Heights, NJ: Enslow Publishers, 2009.

Agradecimientos de imágenes

Las imágenes en este libro son utilizadas con el permiso de: © ZouZou/Shutterstock.com, páginas 4–5; © Zurijeta/Shutterstock.com, página 6; © BEGY Production/Shutterstock.com, página 9; © wong sze yuen/Shutterstock.com, páginas 10–11; © Sorin Vidis/Shutterstock.com, páginas 12, 23 (abajo a la derecha); © gorkem demir/Shutterstock.com, página 15; © burakpekakcan/iStock.com, página 17; © JOAT/Shutterstock.com, páginas 18, 23 (abajo a la izquierda); © Prometheus72/Shutterstock.com, páginas 20–21, 23 (abajo a la izquierda); © LiliGraphie/Shutterstock.com, página 23 (arriba a la derecha).

Portada: © JOAT/Shutterstock.com.